Renate Sültz & Uwe H. Sültz

NOTIZBUCH FÜR SCIENCE-FICTION-FANS

BoD - Books on Demand

Norderstedt 2016

Bibliografische Information durch die Deutsche Nationalbibliothek

Die Deutsche Nationalbibliothek verzeichnet diese Publikation in der Deutschen Nationalbibliografie; detaillierte bibliografische Daten sind im Internet über http://dnb.dnb.de abrufbar.

© 2016 Renate Sültz & Uwe H. Sültz

Herstellung und Verlag:

BoD – Books on Demand, Norderstedt

ISBN 978-3-73924-431-0

Seite	Sternenzeit	Notiz

Seite	Sternenzeit	Notiz	

Seite	Sternenzeit	Notiz